R. 2992. pta
+ F.

22893-95

LETTRE
A MONSIEUR
ROUSSEAU
SUR
L'EFFET MORAL
DES THEATRES.

M. D. CC. LVIII.

AVERTISSEMENT.

Si cette Lettre n'est pas signée, ce n'est pas que l'on ait prétendu abuser du titre d'Anonyme, pour attaquer impunément un homme illustre qui n'a pas moins mérité, par ses écrits, de sa république, que de celle des Lettres. D'ailleurs, cet écrit est plutôt une continuation qu'une réfutation du discours de M. Rousseau.

LETTRE
A MONSIEUR
ROUSSEAU
SUR L'EFFET MORAL DES THEATRES,
OU
SUR LES MOYENS DE PURGER LES PASSIONS, EMPLOYÉS PAR LES POETES DRAMATIQUES.

'EST à vous-même, Monsieur, que j'adresse mes réflexions sur votre nouveau discours. Aucun intérêt ne m'est plus cher que celui de la vérité. Je vais le prouver en osant écrire sur une matiere que vous avez traitée : c'est sacrifier à cet amour de la vérité, l'amour-propre même.

Il me semble, Monsieur, que vous avez invinciblement prouvé que l'établissement

A ij

d'une troupe de Comédiens *dans Genève*, feroit au moins très-dangereux, & qu'en conféquence il doit être rejetté.

Vous avez heureufement développé quelle eft l'influence des loix d'un peuple fur fes mœurs : vous avez apperçu avec fineffe, & démêlé avec fagacité les caufes les plus cachées de la corruption de notre fiècle : enfin, en travaillant pour votre patrie, à qui vous faites tant d'honneur, vous avez déployé l'ame du Spartiate, & l'éloquence de l'Athénien.

Je me reftrains donc à l'examen d'une feule des queftions difcutées par vous, à fçavoir *fi les Spectacles font bons ou mauvais en eux-mêmes*. Je vais tranfcrire, à votre imitation, le paffage qui me met la plume à la main.

» L'effet moral des théatres ne fçauroit
» jamais être falutaire, ni bon en lui-même;
» puifqu'à ne compter que leurs avantages,
» on n'y trouve aucune forte d'utilité réelle
» fans inconvéniens qui la furpaffent. Or,
» par une fuite de cette inutilité même, le
» théatre qui ne peut rien pour corriger les
» mœurs, peut beaucoup pour les altérer. «

Vous établiffez, par plufieurs exemples, bien choifis à la vérité, que la plûpart de nos Poëmes ne font aucunement propres à rendre les hommes plus vertueux, ni à réprimer leurs paffions : mais vous auriez dû ajoûter, ce me femble, avec la vérité févere & impartiale dont vous faites profeffion, que dans plufieurs drames anciens & modernes, il y a d'excellentes leçons de vertu; leçons fublimes & touchantes, plus propres à attirer les hommes à la vertu, & à les arracher aux paffions, que tous les traités de morale faits ou à faire.

Voilà l'objet de ma lettre; voilà ce que je me propofe de démontrer : mais avant de vous oppofer des raifonnemens, je commencerai par réduire la queftion à des faits.

Les Poëtes dramatiques ont-ils trouvé des moyens de purger les paffions?

Vous dites que non, & vous le prouvez par des faits. Je vais prouver que ces moyens ont été employés, & le prouver auffi par des faits.

Que réfultera-t-il de cette oppofition dans les faits & dans nos opinions? Que chacun de nous reftera dans la fienne? Non, certainement; car alors vos objections contre les tragédies qui ont manqué le but le plus noble de l'art, n'auront aucune force contre l'art même. Il s'enfuivra seulement que les Auteurs dramatiques n'auront réellement mérité de leur patrie, que lorsqu'ils auront joint l'utile à l'agréable.

Je n'oublierai pas que j'écris à un philosophe (1); je tâcherai donc d'éviter tout paradoxe, & sur-tout de ne point m'écarter de mon sujet. Pour se permettre des digressions, il faudroit avoir le talent de les rendre intéressantes, instructives, ou agréables.

Vous citez les *Atrée*, les *Catilina*, les *Œdipe* & le *Misantrope* même, ouvrages dignes d'immortaliser le génie de leurs Auteurs ; mais perdus pour ceux qui les écoutent, puisqu'ils n'en peuvent retirer aucun fruit : & moi, Monsieur, je commence par vous citer un *Britannicus*, piece foiblement accueillie des parterres qui se succédent depuis un siécle, mais monument immortel qui semble sorti des mains de la vertu même, pour fixer à jamais les regards étonnés de tous les Rois.

Transportons-nous à la représentation.

---

(1) Je m'étendrai cependant sur plusieurs articles beaucoup plus qu'il ne seroit nécessaire, si je n'avois à persuader que des philosophes comme vous, parce que j'écris pour tous ceux qui fréquentent notre théatre, & que j'ai dû également leur épargner la peine de consulter eux-mêmes les ouvrages que je cite ; & les mettre en état de juger, entre nous, d'après leur propre sentiment.

Suppofons des Rois pour fpectateurs; examinons leur contenance, étudions leurs geftes, démêlons leur trouble, applaudiffons à leur frémiffement, jouiffons enfin du plaifir de trouver en eux des hommes. Ils viennent d'entendre ce qu'on ne leur dit jamais : la vérité.

Ils viennent d'appercevoir le tableau de toutes les fcènes de leur vie : ils ont vû les refforts fi cachés de toutes les machines que font mouvoir devant eux leurs miniftres & leurs flatteurs.

Ils fçavent donc, maintenant, que leurs plus criminelles actions ne manqueront jamais d'approbateurs ; que pour être vertueux, il ne faut confulter que foi, & non de vils efclaves : ils ont donc appris que les meurtres ne font jamais impunis ; que le crime ne promet que des plaifirs incertains, & qu'il eft conftamment fuivi de tourmens inévitables, puifque le remords eft toujours avec lui : ils ne pourrront donc plus ignorer que l'homme, qui peut tout, ne doit pas tout ofer.....

Mais, comme ces connoiffances, que des Rois doivent acquérir à la repréfentation de *Britannicus*, femblent plus appartenir à la méditation qu'au fentiment, confidérons dans les mêmes fpectateurs

l'effet immédiat du spectacle..........
Quelle impression neuve & forte n'excitera pas en eux le langage que Burrhus ose tenir à Néron ?...... Que deviendront les idées qu'ils s'étoient formées de leur puissance, quand ils verront celle de Néron céder à la vertu ?...... Si ce tyran, dont le nom seul seroit une insulte aux tyrans les plus odieux, ne peut écouter *Burrhus avec un cœur tranquille*, est-il né des monstres qui se flattent d'être plus insensibles que lui aux charmes de la vertu, & au cri des remords ?.... Avec quelle impatience n'attendront-ils pas ce qui doit résulter de cet entretien sublime & touchant entre Burrhus & l'Empereur ?.... Avec quelle surprise, mêlée de joie, ne reconnoîtront-ils pas l'impulsion de la nature qui leur parle comme à Néron, quand ce tyran, tout féroce qu'il est, se voit terrassé par la vertu de Burrhus (1) ? Ils croiront que c'est à

___

(1) Quoi qu'en ait dit récemment un philosophe éloquent, il est un cri de la nature, perçant & universel, qui avertit l'homme de ses devoirs. Mais quand il seroit vrai que la raison seule pût tenir lieu de vertu, la tragédie dont je parle n'enseigne-t-elle pas aux Rois, que leur intérêt personnel, celui de leur gloire & de leurs plaisirs ne peut jamais se séparer de l'intérêt général des peuples soumis à leur empire ? Que leur apprendroient de plus les plus profonds scrutateurs de l'ame humaine ? Quand ils pourroient convaincre l'esprit que l'amour de la gloire n'est en nous

eux

eux qu'eſt accordée la grace de Britannicus.

Quelle ſera, au contraire, leur indignation, quand ils verront ce même Néron, ſéduit par l'infame Narciſſe, s'abandonner au plus lâche des crimes ? Eſt-il poſſible qu'ils ne conçoivent pas la plus grande horreur pour la race toujours renaiſſante des *Narciſſes* qui les entourent, & ſans leſquels il n'eût jamais exiſté de monſtres ſur le trône !....

Je m'arrête, dans la crainte d'affoiblir l'ouvrage, en le louant. Ma derniere réponſe à ceux qui ne ſeront pas frappés des intéreſſantes leçons renfermées dans cette tragédie, unique dans ſon genre, ſera de dire : *liſez Britannicus.* Et vous, Monſieur, ſi vous perſiſtiez à prouver que l'art dramatique ne conſiſte pas à purger les paſſions, je vous dirai auſſi : *liſez Britannicus.*

Mais ſi vous me répondez que pour une

que l'amour des plaiſirs phyſiques, penſe-t-on que cette découverte, inutile à l'humanité, en faiſant de meilleurs philoſophes, fît auſſi de meilleurs Rois ?

L'amour des plaiſirs phyſiques eſt commun à tous les hommes ; l'amour de la gloire convient à des Rois, & c'eſt dans leurs ames qu'il faut l'exciter : c'eſt ce que Racine a fait avec tant d'art ; & Racine a du moins, ſur tous les écrivains politiques ou moraux, l'avantage d'attacher ſes lecteurs.

B

seule piece, qui n'est qu'une exception à la méthode des Poëtes dramatiques, ce n'est pas la peine de vous rétracter; je puis, Monsieur, vous en citer d'autres qui, quoique moins parfaites (sous le point de vûe dans lequel seul je les considere ici), peuvent cependant être de quelque utilité au genre-humain.

Octave, à qui la flatterie avoit décerné le nom d'Auguste, malgré tant d'odieuses proscriptions : Octave-Auguste, échappé à dix conspirations tramées & conduites par les plus illustres Romains contre le second de leurs usurpateurs, & couvert du sang de tant de citoyens, découvre un conjuré, plus coupable qu'eux tous, dans l'ingrat Cinna, dans ce même Cinna auquel il a sauvé la vie, accordé les plus grands honneurs, sa confiance & la main d'Emilie; auquel il vient de dire :

” Cinna, par vos conseils, je retiendrai l'Empire;
” Mais je le retiendrai pour vous en faire part.....

Auguste, instruit de tout, mande Cinna, le convainc de la plus noire des trahisons, & ne l'en punit que par ces deux mots accablans.... *Soyons amis*, Cinna.

Quel exemple pour des Rois!... Est-il

pour eux de plus importantes leçons?

Ce n'est pas à vous, Monsieur, qu'il siéroit de me répondre que les tragédies, ayant bien des Rois pour Acteurs, mais non pour spectateurs, doivent purger les passions de tous les hommes, & non celles du petit nombre de Souverains épars dans l'immense étendue des siècles & de l'univers.

Vous sçavez mieux que moi, que non-seulement de ce petit nombre d'hommes dépendent les calamités ou le bonheur du monde entier; qu'au seul accent de leurs voix, la guerre obéissante, le flambeau de la discorde à la main, va parcourir la terre, joncher les campagnes de morts, couvrir la mer de voiles menaçantes, & teindre de sang les flots effrayés : qu'au son plus doux de ces mêmes voix, l'abondance, une couronne d'or sur la tête, va répandre ses richesses dans les climats les plus stériles, couvrir d'épics jaunissans des champs incultes & arides, changer de vastes déserts en de superbes cités, creuser des lacs, ouvrir des canaux, joindre les deux mers, combler les précipices, applanir les montagnes, élever les eaux, animer le marbre, fondre les métaux, & faire naître enfin tous les arts.

Vous sçavez encore quelle influence ont les mœurs des Rois sur les mœurs des Sujets; que l'esprit, que les goûts des Princes deviennent ceux de leur siècle; & vous sentez, comme moi, toute l'importance de purger en eux des passions funestes à tant de milliers d'hommes.

Cependant, puisque je parlois de *Cinna*, j'observerai que cette tragédie peut être utile aux Sujets comme aux Rois; car il me semble qu'il n'est point de spectateur qui, frappé de la générosité d'Auguste, ne se retire avec une disposition plus prochaine à pardonner & à faire du bien même à son ennemi, que ne seroit en lui celle de se venger cruellement, après avoir assisté à la représentation d'*Atrée* : d'où je conclurai hardiment que si la tragédie d'Atrée a manqué le but que doivent se proposer les Poëtes dramatiques, celle de *Cinna* y est manifestement parvenue.

Je n'oublierois pas assurément *Dom-Sanche*, si l'Auteur, comme vous l'avez très-ingénieusement démêlé en parlant de Moliere, n'eût, à l'exemple de ce fameux Comique, défiguré un si bel ouvrage par un dénouement postiche, contraire aux mœurs établies dans les quatre premiers actes de la piece, & amené seulement pour ne pas blesser les préjugés de sa nation, & pour s'assurer davantage des applaudissemens du parterre, qu'il a préférés aux éloges du sage (1) & au but le plus noble

(1) Que l'on compare ces vers si différens, tirés du même rôle, acte IV. scène II. C'est Carlos qui parle....

» Comtes, ces faux respects, dont je me vois surpris,
» Sont plus injurieux encor que vos mépris.
» Je pense avoir rendu mon nom assez illustre,
» Pour n'avoir pas besoin qu'on lui donne un faux lustre.

Et ceux-ci de la cinquieme scène du cinquieme acte:

» Eh! bien, Madame, enfin on connoît ma naissance
. . . .
» Et l'on m'arrache encor le seul bien qui me reste ;
» On me vole mon pere, &c.
» Je suis fils d'un Pêcheur, & non pas d'un infame.
» La bassesse du sang ne va point jusqu'à l'ame :
» Et je renonce aux noms de Comte & de Marquis
» Avec bien plus d'honneur qu'aux sentimens de fils.

Qu'on lise enfin ceux-ci tirés de la derniere scène du cinquieme acte :

Carlos à D. Leonor.

» . . . . Il honoroit en moi la vertu toute nue ;
[*à D. Manrique & D. Lope.*]
» Et vous qui dédaigniez ma naissance inconnue,
» Comtes, & les premiers, en cet évenement,
» Jugiez en ma faveur si véritablement,
» Votre dédain fut juste autant que son estime :
» C'est la même vertu sous une autre maxime.

qu'ait pu se proposer l'art dramatique.

Si Dom-Sanche n'étoit, jusqu'à la fin, que le fils d'un Pêcheur ; si ce fils d'un Pêcheur ne se trouvoit pas tout-à-coup, je ne sçai comment, l'héritier légitime du trône d'Arragon ; si ce fils d'un Pêcheur ne devenoit Roi que parce qu'il auroit mérité de l'être par ses vertus, je crois que la piece auroit bien pu être *sifflée :* mais on ne reprocheroit pas à l'Auteur de n'avoir pas fait servir son art à déraciner l'une des plus extravagantes & des plus anciennes préventions des hommes.

Est-ce que le fils d'un Pêcheur ne peut avoir en soi toutes les vertus qui font un grand Roi ? Est-ce que tous ceux qui naissent pour régner sont doués de toutes les vertus, comme de la toute-puissance ? L'histoire seule, sans les lumieres de la philosophie, a résolu de tels problêmes.

Est-ce que Corneille ignoroit que la vertu fût préférable à la naissance, que les respects exigés par le pouvoir ne sont dûs qu'au mérite, que les Grands, si sotement enorgueillis d'une longue suite d'illustres ayeux, en sont moins ennoblis que dégradés, s'ils cessent de leur ressembler ? Non : il ne l'ignoroit pas ; mais il doutoit de ses spectateurs ; ou plutôt il n'en doutoit point. Il sçavoit qu'une erreur ancienne devient sacrée ; qu'avec de l'esprit, on peut faire goûter aux hommes quelques vérités ; mais qu'avec plus d'esprit encore, on s'abstiendroit de les leur découvrir toutes : il sçavoit que ces préjugés de naissance, que cette chimere, plus ridicule que celle des Fables, née de l'orgueil, nourrie par la flatterie, défendue par l'opinion, & couverte du voile épais des siècles, ne pouvoit être attaquée impunément : il sçavoit que les Grands lui pardonneroient de peindre leurs vices & leurs ridicules, & non de les dépouiller d'un éclat étranger, mais imposant, qui leur tient lieu du mérite qu'ils n'ont pas : il sçavoit enfin qu'on aimoit le merveilleux au théatre, & c'est peut-être ce qui l'a déterminé à donner au vertueux Dom-Sanche un pere couronné. Peut-être a-t-il pensé que le fils d'un Pêcheur, élevé par son courage aux premiers emplois de l'Etat, instruit par le malheur à chérir l'humanité, exercé dans son obscurité aux vertus paisibles, & plus satisfait de mériter une couronne, que de la porter, étoit un personnage plus digne de charmer un Philosophe, que d'occuper un grand Poëte : & pour m'expliquer enfin sur ce sujet, sans ambiguité, ou Corneille n'osant déplaire aux Grands, a pris le parti de les flatter; ou il n'a pas jugé que ses contemporains fussent assez avancés pour préférer le beau naturel au gigantesque, & la vérité aux fictions : j'abandonnerai donc cette production imparfaite, & avant de chercher de nouveaux exemples qui confirment mon opinion, je vais prévenir vos objections (autant qu'il sera en moi) & combattre les principes que vous avez quelquefois supposés, plutôt qu'établis.

D'abord, je conviens que je suis un de ces partisans du théatre, qui vous diront que si les Auteurs abusent du pouvoir d'émouvoir les cœurs, cette faute doit être attribuée aux Artistes, & nullement à l'art même : & j'avoue qu'en consultant mon cœur, à la fin de plusieurs pieces dramatiques, je me suis senti plus disposé à régler mes passions, qu'après avoir lû tous les Moralistes anciens & modernes : j'avoue aussi ingénuement que je ne conçois pas comment *le théatre purge les passions qu'on n'a pas, & fomente celles qu'on a*. Cette métaphysique est trop au-dessus de mon foible entendement : je la respecte donc, & me contente de prouver qu'il purge en nous les passions, *que nous avons*, par des moyens plus sûrs, quoique plus agréables,
qu'aucun

qu'aucun de ceux qu'ont employés tous les Philosophes, & tous les Ecrivains sacrés & profanes.

C'est donc à l'examen de ces causes générales *qui doivent, selon vous, empêcher qu'on ne puisse donner à nos spectacles la perfection dont on les croit susceptibles*, que je dois m'attacher d'abord.

Le théâtre (dites-vous), au lieu de faire la loi au Public, la reçoit de lui. Cette proposition strictement énoncée me paroît bien captieuse : elle est vraie, à quelques égards ; mais dans le point dont il s'agit ici, elle me semble contredite par l'expérience à laquelle seule, en matiere de fait, on doit s'en rapporter.

Il est indubitable que le théâtre, qui ne signifie rien autre chose que le Poëte & les Acteurs, est soumis au Public, dont il reçoit la loi, puisque c'est du Public qu'il attend le blâme ou les applaudissemens. Mais il n'est pas moins certain que le Poëte a souvent ramené les spectateurs à une opinion qui n'étoit pas la leur ; & en ce cas, c'est le Public qui reçoit la loi du théâtre, au lieu de la lui donner. Entre mille exemples que je pourrois alléguer de cette verité, j'en choisirai un très-peu interessant par lui-même, mais qui, par cette seule raison, sera moins sujet à discussion, & je le tire du Misantrope que vous avez si ingénieusement décomposé. Il s'y trouve un sonnet que le parterre commença par trouver bon : mais l'intention de Moliere étoit que ce sonnet fût trouvé mauvais, comme il l'est réellement ; & les spectateurs, contens ou non contens du piège qui leur avoit été tendu, en penserent tous, en sortant, comme l'Auteur.

Vous soupçonnez que les crimes de *Phèdre* & de *Médée* pourroient bien ne pas être plus détestés à la fin de ces pieces, qu'au commencement : & satisfait de votre doute, vous vous écriez impétueusement, *que toutes ces vaines prétentions approfondies sont puériles & dépourvues de sens!* & pour convaincre votre incrédulité, vous voudriez simplement qu'on vous montrât, sans verbiage, par quels moyens on pourroit produire en nous des sentimens que nous n'aurions pas.

Mais en bonne foi, Monsieur, vous & Platon, qui bannissez les théatres de vos Républiques, avez-vous pu tous deux exiger des hommes un tel prodige? Si vous ne leur demandez, comme je dois le croire, puisque j'écris à un Sage, que des efforts humains, je vous apprendrai, après l'avoir appris de Corneille, qui n'étoit pas un mauvais Philosophe, quoiqu'il fût un grand Poëte, quels sont les moyens que l'art dramatique employe pour purger les passions (1).

Voici ses propres mots : « La punition » des méchantes actions & la récompense » des bonnes, employées de nos jours, » n'étoient pas en usage dans le siècle d'A- » ristote : ce Philosophe écrivoit après Pla- » ton qui bannit les Poëtes tragiques de sa » République, parce qu'ils remuent les pas- » sions trop fortement ; & comme il écri- » voit pour le contredire, & montrer qu'il » n'est pas à propos de les bannir des Etats » bien policés, il a voulu trouver cette » utilité dans les agitations mêmes de l'ame, » pour rendre les Poëtes recommandables » par la raison même sur qui l'autre se fonde » pour les bannir : mais ce fruit, qui peut » naître des impressions que fait la force de » l'exemple, lui manquoit. »

Voilà, ce me semble, un précepte constant, dont je crois que j'ai montré l'application dans Cinna.

Mais allons plus avant. Si l'amour de l'honnête & du beau n'étoit pas en nous,

(1) Lisez le second discours de Corneille, tome 1. p. 30. & suiv. édit. de Charles Osmont en 1715.

C ij

l'Auteur ne l'y porteroit pas : mais c'est parce qu'il y est, que les Poëtes dramatiques vont l'y chercher, & qu'ils l'augmentent. Mais (insistez-vous) comment l'augmentent-ils, si le spectateur s'acquitte de tout ce qu'il doit à la vertu, par l'hommage qu'il lui rend, & ne la pratique pas ?

Vous connoissez donc, Monsieur, la véritable cause de toutes les actions vertueuses faites par les hommes depuis qu'on a représenté devant eux des tragédies ?

Si Aléxandre, en lisant l'Iliade, conçut le dessein de surpasser les exploits d'Achille, qui sçait combien la clémence d'Auguste, depuis sa première représentation, a conservé de têtes dans l'Europe ?

» Rien de tout ce qui paroît au théatre
» (continuez-vous) ne nous convient,
» parce que nous y voyons toujours d'autres
» êtres que nos semblables, & que le tra-
» gique les met au-dessus de l'humanité.

Mais le raisonnement est aisé à faire du moindre au grand : « Et si un Roi, pour
» (1) trop s'abandonner à la vengeance,
» tombe dans un malheur si grand, qu'il
» excite la pitié, à plus forte raison celui,
» qui n'est qu'un homme du commun, doit

---

(1) Corneille, page 31. de l'édition citée ci-dessus.

» tenir la bride à de telles paſſions, de peur
» qu'elles ne l'abyſment dans un pareil mal-
» heur. »

Et c'eſt parce que les hommes rabattront
aſſez de la vertu, qu'il faut leur en montrer
de plus grands modéles.

D'ailleurs, les hommes ſe montrent quelquefois, au théatre, dans leur grandeur
naturelle; Sertorius & Pompée n'ont rien
de gigantesque, & le ſiècle précédent vit
naître deux Héros que Corneille peut-être
avoit pris pour ſes modéles, *ſans ſe pro-
» poſer pour objet ce qui n'eſt point, ni
» laiſſer, entre le défaut & l'excès, ce qui
» eſt.* »

S'il eſt vrai qu'à force de vouloir inſtruire
les ſpectateurs, on ne les inſtruit plus; il
faut convenir que toutes les productions
de l'eſprit auront du moins le même ſort,
& qu'on doit ceſſer d'écrire; & ce n'eſt
certainement pas l'avis de vos lecteurs.

Si c'eſt par des moyens extraordinaires
qu'on parvient à montrer le vice puni, &
la vertu récompenſée, il faut s'en prendre
à l'Artiſte, & non pas à l'art : c'eſt auſſi la
faute des Poëtes dramatiques, ſi l'utilité
publique n'eſt pas l'objet qu'ils ſe propo-
ſent, ou s'ils s'en écartent, parce qu'il ſe-
roit un obſtacle à leur ſuccès; & c'eſt à ce

point seul, que je prétends ramener la question.

Il suffit de montrer des pieces qui soient & agréables & utiles, de trouver des Auteurs qui ayent sçu plaire & instruire, pour que l'on tire des faits ces deux conclusions: l'une, qu'il est des moyens employés par les Poëtes dramatiques, pour purger en nous les passions; l'autre, que les Auteurs, qui se contentent de plaire, négligent l'objet le plus noble de leur art.

Reste donc à examiner quelques exemples donnés par vous, & à vous en opposer d'autres qui, leur étant contraires, suffisent pour mettre la vérité dans tout son jour.

Je ne comprends pas bien tout ce que vous dites à l'égard de *Mahomet*: vous qui blâmez les détours que prend Alceste, quand il parle à l'homme au sonnet, que ne réprouviez-vous, sans balancer, les mœurs de cette sublime tragédie? Car si, malgré le génie de Mahomet, la vertu de Zopire l'emporte sur lui, sera-ce une école dangereuse, que celle où la vertu obtient un si beau triomphe? Et pourquoi, si le cœur de l'homme (comme vous le dites quelque part) est toujours droit sur ce qui ne se rapporte pas personnellement à lui, pourquoi cette piece feroit-elle de ses auditeurs plus de *Mahomets* que de *Zopires*? Il leur est plus commode & plus facile d'avoir la vertu de Zopire, que le génie de Mahomet : &, selon vous, Zopire écrase Mahomet par sa seule vertu.

Quant à ce que vous dites de Thyeste, qui a trouvé grace devant vos yeux, comme devant ceux d'Aristote, je vous avouerai encore que l'avis de ce Philosophe ni le vôtre même ne peuvent l'emporter sur les raisons que Corneille (1) a eues de regarder ce personnage comme peu propre au théatre.

Du reste, quoique vous approuviez le rôle

___

(1) Voici les paroles de Corneille, page 33. » Je n'y puis » découvrir (dans Thyeste) cette probité commune, ni cette » faute sans crime qui le plonge dans son malheur. Si nous » le regardons avant la piece, c'est un incestueux qui abuse » de la femme de son frere. Si nous le considérons dans la » tragédie, c'est un homme de bonne foi qui s'assure sur la » parole de son frere, avec qui il est réconcilié. En ce pre- » mier état, il est très-criminel; en ce dernier, très-homme » de bien, &c. &c.

» Si nous imputons son desastre à sa bonne foi, notre » crainte ne purgera qu'une facilité de confiance sur la pa- » role d'un ennemi, qui est plutôt une qualité d'honnête- » homme, qu'une vicieuse habitude, &c. &c.

Du reste, si Thyeste *tient de près à chacun de nous, & nous attache, par cela seul qu'il est foible & malheureux,* je doute qu'il intéresse autant qu'un Alvarès, & que plusieurs autres personnages mis au théatre par M. de Voltaire, qu'on peut appeller le Poëte de l'humanité.

de Thyeste; les massacres des gladiateurs ne vous paroissent pas si barbares que le spectacle d'Atrée; & vous en attestez l'effroi de vos lecteurs (1); & moi, j'en appelle à leur raison. D'ailleurs, votre éloquente hyperbole est un bel éloge de la Poësie; & vous lui rendez bien en honneurs, ce que vous lui ôtez en utilité.

Si les tragédies de *Phèdre*, de *Sophonisbe*, des *Horaces*, d'*Agamemnon*, d'*Atrée*, &c. &c. sont intéressantes, mais dangereuses ou indifférentes aux mœurs; si elles nous accoutument à des forfaits qu'on ne devroit pas supposer possibles; si elles opèrent des prodiges si frappans; qui osera fixer les dégrés & marquer les bornes de l'utilité où parvient cet art magique, quand le génie du Poëte s'allume au feu de la vertu? Ne supposons rien : jugeons de ce qu'on peut faire, par ce qui est déja fait. Rendons justice à l'*Electre* de l'immortel Crébillon.

Voyez avec admiration sortir du cerveau créateur de ce grand Poëte un Palaméde, supérieur peut-être à Burrhus, avec lequel

---

(1) C'est à ceux de mes lecteurs qui vont aux spectacles, à juger si l'Abbé Dubos a eu raison ou tort de dire que le Poëte ne les afflige qu'autant qu'ils le veulent, & que leurs émotions ne vont point jusqu'à la douleur.

l'ignorance

l'ignorance & l'envie affectent de le confondre ; écoutez-le, ou consultez le cœur de ceux qui l'écoutent : en est-il un qui n'éprouve du moins le desir momentané de lui ressembler ? Interrogez le plus vicieux des courtisans, & lisez la réponse dans sa confusion.

Ce n'est point par de froids raisonnemens, que l'esprit de l'Auteur parle à l'esprit des spectateurs ; de pareilles armes s'émoussent trop aisément contre des passions : c'est la passion même du devoir, c'est l'amour de la vertu qui nous enflamme, parce que Palaméde en est lui-même enflammé. Quelle connoissance du cœur humain ne suppose pas l'admirable scène de ce vertueux Grec, entre Electre & Oreste son frere ?

Quel effort de génie ! Ce n'est point ici le vice forcé à reconnoître l'empire de la vertu ; c'est la vertu mise aux épreuves les plus cruelles, luttant contre elle-même, triomphante par ses propres forces, & supérieure à l'infortune : il faut lire la scène même, pour en bien concevoir tout le mérite.

Et si la Poësie dramatique fait tant de ravages par les moyens qu'elle employe quelquefois, comment de moyens con-

D

traires, employés par le même génie, ne pourroit-il résulter aucun bien?

C'est un problême, Monsieur, dont la solution n'appartient qu'à vous.

Je rejette une foule de Pieces dont les beautés (1) & l'utilité surpassent les défauts & les inconvéniens; dans le dessein où je suis de traiter, quelque jour, cette matiere plus amplement.

Mais je n'ai pas envie d'oublier l'*Alceste* (de M. de la Grange-Chancel), (composition médiocre peut-être à quelques égards qui ne sont point de mon sujet). Quelles leçons pour les rois & pour les peuples ! C'est une Reine qui donne au monde l'exemple de la fidélité conjugale : c'est une Reine qui meurt pour son époux abandonné par des amis ingrats, & de timides Sujets.... Quel tableau!.... C'est un époux, c'est un amant qui renonce à une épouse adorée: sacrifice plus grand que celui de la vie....

---

(1) De ce nombre sont les *Atrée*, les *Rhadamiste*, les *Œdipe*, les *Iphigénie*, &c. le *Misantrope*, le *Tartufe*, l'*Avare* même, que vous avez condamné, sans avoir bien saisi, ce me semble, l'esprit de Moliere. Ce ne sont point les tours que joue le fils au pere, qu'on veut faire passer pour honnêtes, ils ne sont que les suites & la punition de l'avarice : il falloit montrer à des avares, pour les corriger, ce que leur vice a de funeste pour eux-mêmes : il falloit qu'ils eussent à se reprocher les fautes mêmes de leurs enfans, dont leur conduite peut & doit corrompre le bon naturel.

En voilà assez pour arracher des larmes...... Mais quel plan pour l'utilité du genre-humain !..... quels caracteres !......
Je vois un Hercule, un fils de Jupiter, plus grand que ce Dieu lui-même, embrasé d'un feu cruel qu'il a cru légitime, sensible encore à l'amitié, se vaincre pour elle, triompher de l'Amour, comme il avoit triomphé de la mort, & rendre croyables, par cet effort, tous les prodiges que la Fable attribue à ses forces plus qu'humaines.

Si de pareils spectacles corrompent les mœurs d'un peuple, j'ai tort ; & il faut fermer tous les théatres.

Je vous citerai encore *Alzire*, à laquelle vous ne refuserez pas du moins l'avantage de présenter un beau contraste des mœurs des chrétiens, & des mœurs d'un peuple nouveau ; & d'avoir fait triompher glorieusement le christianisme, sans le secours de la foi, par la raison seule & par le sentiment, qui est encore plus sûr qu'elle. Vous direz au moins de cette piece, ce que vous avez dit de nos comédies modernes, qu'elle vaut bien un sermon ; & je n'en veux pas davantage.

Examinons présentement « si les Poëtes » comiques n'ont trouvé que dans le vice » un instrument propre à réussir, & si leur

» théatre est une école de mauvaises mœurs.

Vous y voyez, avec plaisir, des *Constances* & des (1) *Cenies* : pourquoi ces grands modèles ne seroient-ils point imités ?

N'avez-vous jamais été frappé de la représentation du préjugé à la mode ? Les larmes des spectateurs ne vous semblent-elles pas l'éloge de leurs mœurs & de celles du Poëte ? J'ajouterai que cette piece a corrigé les hommes : car s'il est encore des maris infidéles & dissipés, il n'en est plus qui rougissent d'aimer leurs femmes, & d'avouer leur amour.

Passerai-je sous silence *le Méchant* ? L'Auteur s'est servi du moyen qu'avoit imaginé Moliere, & son ouvrage est d'autant plus utile à l'humanité, qu'il a attaqué le vice qui lui est le plus contraire, & qu'il l'a combattu avec les seules armes qui pus-

___

(1) Est-ce donc un mal que les femmes dominent au Théatre comme dans le monde, si elles ne se servent de leur empire que pour ramener les hommes à la vertu ?

» Certes, dans les pays où les femmes sont appellées au
» trône, elles y portent autant de vertus que les hommes ;
» & l'histoire nous présente plus d'une *Elizabeth*. Si une
» *femme aimable & vertueuse est un objet céleste qu'on ne*
» *trouve qu'au théatre*, où sont ces hommes si habiles & si
» vertueux ? Où se cachent-ils ?

Daignera-t-on nous apprendre pourquoi un Etat ne seroit pas bien gouverné par des femmes, quand les deux sexes auront reçu la même éducation ?

sent lui porter quelque atteinte. Sans doute, quoiqu'ait fait M. Gresset, il existe encore des méchans; mais du moins ils ne font plus vanité de l'être : ils ne sont plus applaudis; & le vice ne paroît plus sans masque.

N'oublions pas le *Dissipateur* (de feu *M. Néricaut Destouches*), ne fût-ce que pour cette leçon sublime, donnée par un valet, qui offre le peu qu'il possede à son maître qui a dissipé d'immenses richesses. C'est à ces traits touchans, que l'auditoire fond en larmes, & (comme l'a très-bien remarqué M. Gresset) qu'on entend le cri de la nature : *est-ce ici le vice qui domine?* Et l'Auteur n'a-t-il pas, sans lui, trouvé les moyens de toucher & de plaire ? J'ose, Monsieur, en appeller à vous-même.

Je ne puis finir sans citer encore un ouvrage moderne, plus louable que loué; je veux parler du *faux Généreux* (1). J'y vois un fermier honnête-homme, réduit à la derniere misere par la dureté d'un maître avare & fastueux, & conduit en prison : je vois le fils de cet infortuné captif, ra-

---

(1) " Cette comédie, de M. Bret, vivra plus que
" tant d'ouvrages éphémeres qui, après avoir reçu un éclat
" passager de quelque Actrice à la mode, tombent bientôt
" dans l'oubli, pour n'en sortir jamais : j'ose faire cette pré-
" diction à l'Auteur d'autant plus hardiment, que je ne le
" connois point.

cheter la liberté de son pere au prix de la sienne : quel contraste touchant ! Quelle école pour des enfans en qui le vice n'a pas encore étouffé tout sentiment naturel ! Pensez-vous, Monsieur, qu'un pareil spectacle ne fasse couler que des larmes stériles ? L'humble vertu est-elle peinte, dans ce tableau, sous des traits qui vous semblent peu dignes d'elle ? Et demanderez-vous aux spectateurs, de quoi leur aura profité la piece, où des sentimens si vrais & si respectables sont mis en exemple ?

C'est donc la faute des Artistes, s'ils ne font pas servir leur art à l'instruction des spectateurs, comme à leur plaisir.

Ah ! Monsieur, étoit-ce à vous de chercher à dégrader un art si noble, un art pernicieux peut-être à *Genève*, mais utile & même nécessaire parmi nous ? N'étoit-il pas plus digne d'un Ecrivain éloquent, d'un Philosophe, d'échauffer le génie des jeunes Poëtes, de leur montrer la vertu qui les attend au bout de leur carriere, une couronne civique à la main ?

F I N.

www.ingramcontent.com/pod-product-compliance
Lightning Source LLC
Chambersburg PA
CBHW060616050426
42451CB00012B/2283